El Despertar

El Despertar

Primera edición: Noviembre 2018
ISBN:

Diseño Portada:
Natalia Vallejo De Greiff
Fotografía de Cubierta:
Natalia Vallejo De Greiff
Diseño:
Natalia Vallejo De Greiff – Claudia E. De Greiff M.
Diagrama e imprime:
Editores Publicidad S.A.S.
Edita:
Elena De Greiff
elenadegreiff@gmail.com

Impreso en Medellín / Colombia

Dedicado a todos
los Seres humanos
que buscan evolucionar
continuamente.

DEDICATORIA

Dedico este libro a:

Dios, que has estado conmigo todo el tiempo en mi existencia, aun cuando no me diera cuenta.

Mi **Esposo Diego**, porque gracias a ti y a que me has amado tanto y me has hecho poner los pies en la tierra todo el tiempo, pude sacar el valor y el coraje para sentarme a escribir.

Mis hijos: **Natalia, Andrea y Santiago**, porque para ustedes es que lo hice, para que puedan encontrar el camino más pronto que yo.

Mi madre **Aurora**, por todas las enseñanzas recibidas, la dedicación y el amor con que me has guiado a lo largo de estos años.

AGRADECIMIENTOS

A mi Padre, **Fernando**, a quien amé y seguiré amando profundamente y aunque ya no está, con el paso del tiempo me di cuenta que el silencio en su vida era debido a su maestría. Gracias por haber estado allí incondicionalmente, por haberme dado todo y ayudarme a ser quien soy en este momento.

A mi Madre, **Aurora**, por todas las enseñanzas que me sigues dando, aun cuando a veces no te das cuenta que continuas enseñándome cuando quieres aprender.

A mis hermanos, **Mario, Diana y Luis** porque sin su existencia y sus vidas, no tendría punto de referencia hacia los cambios.

A mis hijos **Natalia, Andrea y Santiago** y a mi Esposo **Diego**, que me permitieron soñar y convertir éste, uno de tantos sueños en realidad.

A mis sobrinos: **Miguel Ángel, Paula, Tatiana, Luisa, Jorge, Sebastián, Isabella**, pues ellos son el futuro y tienen un conocimiento más acertado a cerca de él, le han aportado valiosas enseñanzas a mi vida.

A mi cuñada **Ana María** por confiar en mí, por hablarme y por escucharme.

A **Jorge** y **Biviana**, que más que mis mejores amigos, son como mis hermanos, que me apoyan, guían y me enseñan cada día como mantenerme alerta y clara con mis decisiones. Gracias por su ininterrumpida amistad (2014).

A **Elizabeth Giraldo (la Mona)** por brindarme la posibilidad de leerle los libros que un día su padre le obsequió, dándome la oportunidad de crecer mucho más.

Y por supuesto a los amigos de **OMNI, Ángela, Oscar, Olga, Manuel, Adriana, Claudia, María Eugenia, Pastora, Sandra, Nora, luz Dary, Estella**, en fin, a cada uno de los integrantes de esa hermosa familia que contribuyeron a mi crecimiento y me permitieron retomar mis sueños y creer que podía lograrlo.

A **Jorge Vergara Madrigal** que con sus escuelas de crecimiento personal me dio la posibilidad de volver a creer en mí y en mis capacidades, despertando mis talentos y animándome a concluir mi libro.

A **Lina María Zapata Velásquez** y su empresa **QR S.A.S.**, por su apoyo y ayuda para que este sueño se hiciera realidad.

A **Guillo (Guillermo Arciniegas)**, a quien le pedí que leyera el manuscrito antes de atreverme a publicarlo y sus consejos y correcciones aplique sin objeción.

A **Alejandro Soleibe Quintero**, por dedicar su tiempo a leer el manuscrito, por sus consejos y correcciones, por sus palabras de aliento.

A cada una de las personas que han existido en mi vida y
que han sido alumnos y maestros para mí y mi crecimiento.
Dios les bendiga.

ÍNDICE

INTRODUCCIÓN

Lo fundamental en toda socialización es la forma como se captura la atención del público y este libro en particular presenta un argumento de tal forma, que te atrapa elocuente y envolventemente, porque, se centra en pautar la manera en que se debe despertar a la vida, ya que tus vivencias diarias y tu cotidianidad son los factores encargados de mantenerte en un estado de adormilamiento que, por más que te cuestiones, no dejas de sentir que tu vida se está pasando en vano y no le encuentras sentido alguno a tus esfuerzos. Trata de identificar la gran mayoría de temores, todos ellos infundados e implantados por nuestro entorno y casi siempre aceptados inconscientemente, que siempre se presentan cuando decidimos realizar acciones, que en su mayoría son tendientes a buscar nuestro bienestar y que al momento del cambio, opacan el potencial de la personalidad del ser humano. Temores que son certificados por la premisa del bienestar social interpuesta al bienestar personal.

Relaciona entre otras acciones, la acertada realidad de decretar con el poder de la palabra y el cambio de mentalidad, todo aquello que deseamos para nuestro

bienestar; porque todas las cosas del mundo nos han sido dadas, consecuentemente nos pertenecen y solo cuando estamos listos y dispuestos a conseguirlas de forma abierta y despierta, es cuando éstas se dan.

Una verdad es que la vida fluye conjuntamente con el universo y que está en un constante devenir. Nuestras vidas por el contrario, parecen rocas en medio de este río, gracias a que permanecemos o anclados en el pasado, o bien elevados y distraídos con el futuro y esto permite que todo pase por nuestro lado y en ocasiones lo notamos; vemos como se nos escapan las oportunidades y nos quedamos lamentándolo todo el tiempo, dándonos látigo, cuando en realidad deberíamos soltar esos errores para poder fluir con todas las otras oportunidades que siguen surgiendo. Son las malas decisiones tomadas, los pretextos y el culpar a los demás, la venda que mantenemos en nuestro ser y que estropea nuestra anhelada felicidad.

Este Despertar es una invitación a suprimir los temores, reconocer tu ser en tu medio, re-encontrarte con tu tranquilidad y tu felicidad, acoplarte nuevamente con el universo. Despertar es concertar tu vida con tu vivir y sincronizar el sentir y la razón para que la vida deje de ser una carga y se muevan con la armonía natural del existir.

JOHN DE GREIFF

PRÓLOGO

Cuando decidí comenzar a escribir este libro era muy joven y pensaba que seguramente si le gustaba a la gente me iba a convertir en una persona reconocida y millonaria, pero con el correr del tiempo y con todo lo que he aprendido en el camino, con la madurez adquirida y con la liberación[1] de la que he sido provista por la gracia de Dios y por mí despertar, me he dado cuenta que lo único que me importa en este momento es que sea de utilidad para muchas personas similares a mí y que estén atravesando por situaciones parecidas a las mías.

Si este libro es adquirido por una sola persona y ésta es ayudada a descubrirse y recuperarse solo con leerlo y practicarlo, me sentiré tan reconocida y millonaria como si lo fuera realmente; ya que en este momento de mi vida es de vital importancia darme cuenta de lo valiosa que es la vida y lo maravilloso que es darle forma a los sueños y este es mi sueño, un sueño que he recuperado y podido completar, un sueño que me llevó mucho tiempo y que hoy por fin logro

---

1 Liberación: La liberación es la acción y también el efecto de liberarse; de romper las ataduras físicas o psicológicas que le privan a un fenómeno natural, animal o ser humano de su posibilidad de desarrollarse en plenitud. https://deconceptos.com/ciencias-sociales/liberacion

sacar del baúl, desempolvar y mágicamente logro hacer realidad. No es que el escribirlo ya sea el triunfo completo, no, falta un camino arduo por recorrer, pero verlo escrito en el papel, ver como pude volver a retomarlo, ver que hoy tiene forma y que puedo leerlo y sentirme orgullosa de él, es un gran paso hacia la materialización del mismo.

El camino que falta por recorrer es el de poder publicarlo, les confieso que no tengo idea de cómo hacerlo, pero lo que si sé, es que esa no será la excusa para detener mi sueño. En la vida nos encontramos con muchos limitantes, que de no ser por nosotros mismos no llegarían a detenernos de tal modo, si no fuese porque somos los responsables de darles ese poder. Esos limitantes solo están ahí para que nos demos cuenta del potencial que hay dentro de cada uno de nosotros, es como la enseñanza que nos deja la moraleja de las hormigas, que cargando siempre cincuenta veces su propio peso, si encuentran un enorme obstáculo, tratarán de pasarlo de alguna manera: o lo rodearán, o cavaran para pasarlo por debajo, pero al final de cuentas, aunque el obstáculo no sea movido, ellas lograran llegar a su destino.

Yo haré lo mismo, porque aunque parte de mi sueño está completo, falta la parte en la que este pequeño sueño hace que millones de personas logren alcanzar los suyos. Lograr que alguien siquiera lea este libro es la meta siguiente.

Sin ser psicóloga, ni tener un doctorado ni un master en ciencias afines, o algo parecido y sin pretender saber más que ellos, siendo únicamente yo, una ingeniera de sistemas que un día decidió compartir con el mundo su historia y hazaña para reconocerse a sí misma, para aprender a darle a su vida el valor que tiene y para darle la prioridad que merece, hoy comparto este libro para el bienestar de la humanidad.

Les deseo mucha paz y mucho bienestar.

TANTO
hacer daña al ser
ELENA DE GREIFF M.
EdG

Capítulo 1

EL DESPERTAR

"El ser humano se siente inconforme con lo que tiene y ansia tener lo de los demás, la gran mayoría de las veces, sino siempre".

Empezar con esta frase, que para muchos quizá no diga nada, pero que identifica a la gran mayoría de las personas; era lo que deseaba hacer. Pues es algo que me sucedió a mí desde temprana edad, inicialmente con mi cuerpo, yo era una niña, pequeña, muy delgada y con muy poca personalidad, mi autoestima no era la mejor y le permitía a todos opinar y decidir por mí.

Al crecer no cambiaron mucho las cosas, aunque pareciera que tenía el control sobre mi vida, la verdad es que simplemente creé una coraza, una máscara, que mostraba de mí la capacidad de decisión faltante y el control que no tenía; mostraba a los demás lo que quería ser y no era. Me

volví una persona agria, que no se deja de nadie y que al final de cada día, solo veía todas las carencias aparentemente existentes. Porque si volteamos a mirar a nuestro alrededor, por más que falten muchas cosas materiales, quizá no vemos la abundancia que tenemos en otras áreas, como son: La familia y los amigos, el apoyo que estos nos brindan, ni la gran cantidad de sueños que circulan en nuestras vidas y en las de las personas que nos rodean, el gran potencial que existe allí para hacer y realizar en el momento en que seamos capaces de verlos.

Estas aparentes carencias van tornando nuestras vidas de dolor y sufrimiento, mostrándonos una vida en la que tenemos que esforzarnos para ser y conseguir; sacrificándonos demasiado en el camino y esperando con la ilusión de un futuro mejor. Una vida en la que si no trabajamos duro, no podremos surgir, si no nos esforzamos, no podremos tener un poco más, envolviéndonos en este ir y venir de la existencia que se marchita y en la que no nos damos cuenta que la vida va pasando siempre con aquella ilusión que no se realiza todas las veces. Y nos concentramos tanto en la lucha y la carencia, en el futuro ilusorio de la mejoría y en la meta a conseguir, que nos perdemos del cómo llegar a la meta; de cuáles son los pasos que vamos dando y que tan despiertos estamos al momento de darlos.

Y es que al estar tan dormidos y no tener conciencia[2] de nuestros propios actos, le dejamos abierta la puerta de nuestra vida a las demás personas, las cuales se toman el derecho y hasta el deber de aconsejarnos y decidir lo que es mejor para nosotros; pero somos quienes en realidad conocemos lo mejor para sí mismos. No quiero decir con esto, que las personas no nos ayuden, no nos orienten, no las necesitemos, no; lo que quiero decir es que podemos escuchar consejos, hasta podemos pedirlos, que nos den una luz, pero la decisión final deberá ser tomada por nosotros y seremos los únicos responsables del desencadenante de estas decisiones. Si le permitimos a otros tomar esas decisiones, seremos los que sufriremos en carne propia las consecuencias que ellas traerán a nuestra vida y eso no nos exime[3] de la responsabilidad que debemos asumir ante ellas.

Cuando hablo de estar dormidos y de conciencia o estar despiertos, me refiero exactamente a eso, a que muchos seres nos encontramos en la vida en un adormilamiento y no nos hemos dado cuenta de ello; realizamos actos o tomamos decisiones sin estar atentos y al ver como los sucesos se van desenvolviendo y como las consecuencias van llegando y nos cobran factura, entonces deseamos despertar de esa pesadilla y es ahí donde por un momento somos conscientes de lo que hicimos o dejamos de hacer. Donde la conciencia llega y se despierta y nos preguntamos en qué momento fue que tomamos esa decisión que no nos dimos cuenta; o seguimos tan dormidos que comenzamos a buscar un culpable y a poner la responsabilidad de nuestros actos y decisiones en manos de otros, o lo más triste, le echamos la culpa a Dios.

---

2 *Conciencia: Proviene de las palabras latinas "cum"= con y "scientia"= conocimiento, pasando a significar el conocimiento que tiene alguien de su propia persona, y de lo que lo rodea. https://deconceptos.com/ciencias-naturales/conciencia*

3 *Exime: Hacer que una persona quede libre de una carga, una culpa, una obligación o un compromiso. https://www.google.com.co*

Y es que sin tocar el tema de la religión, ni adentrarme mucho en esa polémica que puede surgir a partir de tus creencias, puedo, apelando a que crees en un ser supremo, sin lugar a dudas afirmarte, que es él un Padre de Amor y difiero completamente, de que es un "padre vengador que está esperando el momento en que cometas un error para enviarte al infierno"[4].

Retomando el tema de la conciencia o el despertar de nuestro Yo verdadero (entiéndase el verdadero ser que habita un cuerpo humano), es importante aclarar que lo normal en un ser humano es estar dormido, lo cual se identifica por la gran cantidad de momentos al día en que su mente se encuentra ocupada con tantos y tantos pensamientos, a veces incoherentes, a veces futuristas y en otros, tristemente anclados al pasado; por las múltiples ocupaciones en las que se encuentra el ser humano, sin poder zafarse de ellas ni siquiera para respirar y por la poca facilidad para tomar decisiones. Esta clase de personas andamos por la vida tratando de encontrar la fórmula mágica de todo, de cómo hacer dinero, de cómo estudiar y aprender más fácilmente, de cómo trabajar, de cómo tener una vida confortable, de cómo encontrar un pareja que nos de la solución; pero no nos damos cuenta que la fórmula mágica se encuentra a nuestro alcance, es hacernos responsables de nuestra vida, de nuestros actos, de nuestras decisiones, pero sobre todo

---

4 Tomado del libro Metafísica 4 en 1 de Conny Méndez.

hacernos responsables de nuestro presente; que es el mejor regalo que podemos tener día a día.

Es el presente el que nos mantiene despiertos, es el presente el que crea un futuro que no existe aún, es el presente el que nos da la satisfacción al final del día de haber cumplido a cabalidad con nosotros y con nuestro entorno, es el presente nuestra verdadera vida y es nuestra responsabilidad tomar nuestra vida en nuestras manos y las decisiones que cada día trae consigo, para poder tener una vida plena y feliz. Una vida que si es construida día a día con conciencia de cada paso, de cada decisión, en el aquí y el ahora, será una vida de satisfacciones, al saber que se está construyendo responsablemente.

Es a esto a lo que te invito hoy, a que tomes tu vida en tus manos y realices todo cuanto has soñado y creído que no se puede realizar, porque francamente todo, todo puede realizarse con decisión y empeño, totalmente despiertos. Todo cuanto desees hacer con la conciencia de que eres tú el único responsable y eres tú dando cada paso; uno a la vez, pendiente de lo que haces y de realmente hacer lo necesario para permitir dar forma a los sueños y hacerlos realidad.

Pero cuando por fin nos damos cuenta que estamos dormidos, realmente es cuando estamos despertando. Y cuando queremos despertar, porque nos hemos dado cuenta que padecemos la enfermedad general que sufre la mayoría de los seres humanos, estar dormidos, tener nuestra mente en una algarabía constante, entonces somos saboteados por nuestro "EGO"[5], que lo único que desea es detenernos a cualquier costa, porque lograrlo (despertar) es destruirlo a él, que por todos los medios buscará la manera de mostrarnos que es un error querer despertar. La forma más fácil de convencernos es mostrándonos lo cómodos que nos encontramos de esta manera, lo cómodos que estamos cuando las decisiones son de otros y si los resultados no son lo que esperábamos, no es nuestra "culpa" y mostrándonos lo difícil que será para nosotros tomar decisiones, hacernos cargo de nosotros mismos en vez de continuar la vida de manera fácil, permitiéndole a los demás, decidir por nosotros.

Comienza entonces, una incesante búsqueda de nosotros mismos, de conocernos y reconocernos, de recuperarnos, de querer crecer personal y espiritualmente. Y en esa búsqueda, somos ayudados o guiados, de alguna manera, por esa energía que rige nuestro ser, por ese verdadero ser que habita nuestro cuerpo humano.

Cada paso dado hacia la consecución de esa búsqueda comienza a verse de manera mágica y fácil, donde todo se va dando, donde mágicamente el universo se confabula y todo lo que nuestro ser va necesitando en el avance de ese crecimiento, llega irremediablemente como nunca hubiésemos imaginado. Si das un paso, el universo te abrirá todas las puertas por las cuales puedes entrar y continuar creciendo, pondrá ante ti a las personas que irás necesitando en cada uno de los escalones que vayas ascendiendo, te presentará cada una de las ayudas visuales, auditivas o materiales que son necesarias para tu crecimiento y entendimiento, para

---

5 EGO: Desde una perspectiva espiritual, el ego quiere decir considerarse a sí mismo distinto de los demás y de Dios debido a la identificación con el cuerpo físico y las impresiones que existen en varios centros del cuerpo sutil. Resumiendo, el ego es llevar nuestra vida pensando que nuestra existencia se limita a nuestros 5 sentidos, mente e intelecto e identificarnos con ellos en varios grados. https://www.spiritualresearchfoundation.org/es/practica-espiritual/pasos-de-la-practica-espiritual/como-reducir-el-ego/que-es-el-ego-definicion/

que puedas encontrarte a ti mismo y recuperarte. Es como hemos escuchado tantas veces la popular frase "Cuando el alumno está preparado, el maestro aparece". ¿Cuál es el tiempo en el que esto puede ocurrir?, dependerá de ti, del empeño, de la energía, de lo despierto que estés y de la disciplina con que te encamines en tu propia búsqueda. No te preocupes si te ves retroceder, cada vez que así lo sientas deberás tomar aire y comenzar de nuevo, las ayudas estarán ahí para cuando decidas avanzar.

Dentro de conocerte a ti mismo, entonces, deberás primero aceptarte cómo eres, no resignarte, no; aceptarte con todas tus virtudes, con todos tus defectos, con todas tus capacidades, con tus aciertos y desaciertos, física, emocional y espiritualmente. Seguidamente, debes identificar rasgos de tu personalidad a perfeccionar y deberás trabajar en aquello en lo que puedas mejorar; si te analizas, físicamente habrá cosas que no puedes cambiar y emocional, intelectual y materialmente habrá otras tantas que sí. Paso a paso podrás ir dándote cuenta, cuáles son esas cosas que deberás arreglar o perfeccionar y que te ayudarán a surgir desde muy dentro de ti.

Luego deberás poner en marcha un plan de acción, para que cada uno de los rasgos identificados en el paso anterior, puedan ser mejorados o substituidos por uno mejor. Es ahí donde entras a darte cuenta cuáles son tus creencias y cuáles de ellas han sido implantadas en ti, porque es triste pero real si te digo, que muchas de las creencias que crees tuyas no lo son; han ingresado dentro de ti desde tus padres, abuelos, maestros, amigos, conocidos, jefes, en fin de cada uno de los seres humanos con quienes has tenido alguna relación afín o no y de los que has tomado con conciencia o no, creencias y formas de pensar a cerca de tal o cual situación, las has grabado en tu subconsciente[6] y las has hecho tuyas a partir de ese momento, hoy te rigen y determinan cuáles son los pasos a seguir en tu día a día, en tu vida diaria.

Pero ellos no lo han hecho para detenerte, nuestros padres nos enseñaron desde su conocimiento, desde el conocimiento que tenían, lo que creyeron mejor para cada uno de nosotros y la verdad es que cada uno de los padres, generación tras generación, siempre han buscado dar a sus hijos lo mejor; igual sucede con la gran cantidad de personas que nos rodean y brindan sus conocimientos sin tener la más mínima mala intención en ello.

El paso entonces a seguir, es que hagas una lista de esas creencias que te rigen, creencias en todos los aspectos de tu vida. Para facilitarte las cosas te cuento que debes iniciar con una pequeña lista de las más apremiantes en este momento de tu existencia; como ejemplo te pongo una de las tantas creencias que he encontrado generalizadas a lo largo de mi vida, en mi familia, amigos, compañeros y que tiene que ver con el dinero; que es dicha, guardada y repetida por muchos de nosotros durante toda nuestra vida y que ni siquiera nos damos cuenta que hemos tenido durante tanto tiempo dentro de nosotros y que nos rige enormemente ante la posibilidad de tener o no dinero, ella es: **"Es mejor ser pobre, pero honrado"** o **"El dinero es sucio"** o **"Lávate**

____

6 *Subconsciente: Estado y actividad de la mente humana que se desarrolla con independencia de la voluntad del sujeto y no es perceptible por su conciencia. https://es.thefreedictionary.com/subconsciente*

las manos que acabas de tocar esas monedas y son sucias" y así sucesivamente podrás ir recordando algunas que se relacionan o se parecen a estas. Y sé que estás riendo en este momento, pensando en cada una de las que has grabado en ti y te tienen limitado de dinero o en cada una de las creencias en las que estás pensando en este momento que limitan tus amistades, tu trabajo, tu realización profesional, personal o familiar.

Después de hacer la lista reemplázalas por unas que no te limiten, que tu mente, que es tan poderosa, sea capaz de aceptar. No te digas mentiras ni se las digas a tu mente, ella sabrá reconocerlas.

Siguiendo con mi ejemplo del dinero, No te digas "Soy Millonario" si no lo eres, porque tu mente sabe la verdad, di en cambio "Soy capaz de ser honrado y tener dinero suficiente" por ejemplo.

Cada vez que encuentres una creencia que te limita, en cualquier ámbito, reemplázala por otra creencia que cambiará el rumbo de tu vida; la forma de hacerlo es colocando la nueva creencia (escrita, es una buena forma de hacerlo), en un lugar visible, donde a diario puedas repetirla, para substituir la que tu subconsciente ya conoce; ya que las que tienes en este momento las vienes repitiendo por años incluso y están grabadas en tu memoria subconsciente. Deberás borrarlas de ahí.

Al suprimirlas, dejarás un espacio en tu memoria que debe ser llenado inmediatamente por la nueva creencia o se llenará de basura nuevamente. Es como cuando arreglamos un cuarto en el que todos los espacios están llenos de desorden, de caos, de cosas tiradas, luego de desocupados estos espacios, el cuarto queda por fin organizado; con el tiempo estos espacios vuelven a ser llenados y normalmente con más basura, desorden y caos, si no los utilizas de manera adecuada.

Haz estado con cada una de las creencias que están limitando tu vida por mucho tiempo, es hora de comenzar a cambiar tus creencias por otras que hagan que tu vida tome otro rumbo, si quieres que tu vida cambie, deberás hacer cosas diferentes a las que hasta ahora has hecho, si haces esto con cada una de ellas verás verdaderos milagros diariamente.

Para ello utiliza lo que en algunas religiones se conoce como la trinidad: Padre, Hijo y Espíritu Santo, que realmente son, Palabra, Obra y Acción; di cuál es tu creencia (Palabra-Padre) escribe la creencia que ocupara el lugar de la equivocada (Obra - Hijo) y repítela continuamente, día a día para lograr hacerla tuya (Acción - Espíritu Santo). Esta es tu Trinidad, comienza entonces a decretar con tu palabra lo que quieres cambiar, realiza un plan para ese cambio y llévalo a cabo; de esta manera Dios obra en cada uno de nosotros y el cambio se verá reflejado rápidamente en nuestras vidas.

Habrá tropezones por supuesto, pero el éxito dependerá solo de que tan claro tengas definido que ese cambio debe darse y que tan resuelto estés para llevarlo a cabo. Será una experiencia fascinante, esta es la experiencia que deseo compartir contigo, los pasos que yo he seguido y que

seguramente tú ya conoces, pero no has practicado y que te llevarán hacia la libertad real de tu ser, tal como lo han hecho conmigo.

Para darte cuenta que tan dormido estás, verifica cada una de las siguientes preguntas:

- ¿Está ocupada tu mente en más de un pensamiento cada minuto?

- ¿Llegas a casa después del trabajo o realizas tu trabajo en casa y te acuestas a dormir y tu mente comienza a construir lo que harás el próximo día, o lo que dejaste de hacer en éste; sin poder conciliar el sueño?

- ¿Te encuentras realizando una labor o tarea y estás pensando en las mil y una cosa más que deberás hacer?

- ¿Tomas alguna decisión y unos segundos después tu mente te dice que lo mejor hubiese sido hacer esto o aquello diferente a lo que inicialmente decidiste?

- ¿Después de un disgusto con un ser querido, no te atreves a discutirle nada, pero terminas pensando lo que pudiste decirle, responderle o porque no le dijiste esto a aquello; o te ves como si estuvieses frente a esa persona enfrentándola como debiste?

- ¿Retrocedes en el pasado cada vez que las cosas no te salen como debían? y ¿Quisieras haber cambiado las decisiones tomadas entonces?

◄ ¿Divagas en el futuro que desearías tener como si fuera un sueño, pero despierto?

Si contestas tan solo a una de estas preguntas afirmativamente, podrás saber que te encuentras en un estado de adormilamiento de tu conciencia, que vives más en el pasado o en el futuro que en tu presente, que es el momento de comenzar a buscar dentro de ti ¿Quién eres realmente?, ¿Qué sabes o conoces de ti?, ¿Qué es lo que realmente quieres?, ¿Cómo es que quieres que sea tu vida?, ¿Cuáles son las expectativas que tienes?, ¿Cuál es la verdad del ser supremo?, ¿Qué hago aquí?, ¿Por qué y para qué estoy aquí? Y muchísimas más preguntas que de seguro te haces todos los días. Las respuestas no son tan complejas como se cree en un principio, pero cada una de ellas llegará en el momento en que más preparado estés y menos lo esperes.

Para que las respuestas puedan irse tejiendo y tomando forma, deberás ir cambiando, puliendo y/o modificando paso a paso, sin apresuramientos, sin juzgamientos, sin durezas; pues somos muy dados a darnos demasiado látigo al comenzar a ver una cantidad de errores en nosotros y descubrir que no somos tan perfectos como creíamos y es ahí cuando vemos que realmente somos frágiles seres humanos que cometemos infinidad de errores, pero que podemos corregirlos y estar atentos a no seguirlos cometiendo, o que podemos convivir con ellos.

Es estando atentos en cada momento, cada instante, cada vez que abrimos los ojos, hablamos, nos movemos, interactuamos con los demás; para "sorprendernos" y tomar la determinación correcta de corregirnos y construir un mejor presente, para tener un mejor futuro.

No pretendas estar atento a cada instante, nuestra naturaleza nos lleva de regreso al pasado y futuro de forma instantánea. Sin ser obsesivos, podemos darnos cuenta de las veces que nuestra mente divaga en el tiempo y traerla de regreso al presente, para poder elegir mejor, para estar seguros de la vida que estamos llevando y para tener la certeza de que somos capaces de tomar nuestra existencia y hacer de ella una experiencia placentera; muy a pesar de que no todas las vivencias sean de éxito.

"POR EL MUNDO
quiero ser
por el mundo voy a ser
por el mundo pienso ser
por el mundo dejo de hacer
ELENA DE GREIFF M."

Capítulo 2

LA BÚSQUEDA

En este paso se vale todo, siempre y cuando no se extravíe en los distintos caminos que pueden generarse a partir de las ansias de reencontrarse.

Al inicio, la búsqueda no está encaminada a encontrarse a sí mismo, por el contrario deseamos encontrar respuestas a las tantas preguntas que diariamente nos hacemos, principalmente sobre el ser supremo, esa energía que lo rige todo y que puede hacer que nuestros sufrimientos terminen; sin saber que habita en nosotros el poder de acabar con dichos sufrimientos.

En esta etapa, recorrí diferentes caminos tratando de en-contrar lo que andaba buscando, desde complejas casas esotéricas, hasta diversas religiones. Cada una de ellas aportó valiosas experiencias a mi vida y a mi crecimiento espiritual y personal; pero no daban respuestas a mis inte-

rrogantes. Lo que quiere decir que es importante saber con exactitud qué es lo que se busca y aunque yo no lo sabía, mi corazón sí. Definir qué es lo que deseo saber de ese ser supremo implica en primer lugar tener la certeza de re-conocer al Ser como "Supremo", saber que existe, aun cuando no podamos verlo; podrás llamarlo como desees, Energía, Universo, Dios, Padre, Naturaleza, en fin, como quieras nombrarlo, lo importante es que debes re-conocerlo. El siguiente paso será conocerlo bien, saber qué es y qué no es, pero sin las creencias que han sido implantadas en nuestro subconsciente, desde nuestra infancia.

No soy yo quien va a decirte lo que es y lo que no es el Ser Supremo, pero puedo contarte como logre conocerlo y saber que no estaba equivocada. Muy dentro de mí y de cada uno de nosotros existe algo que nos hace saber y reconocer si estamos equivocados o no y ese algo se encuentra alojado en nuestro pecho, ya que el corazón, nuestro corazón humano, es capaz de diferenciar y entender si nos equivocamos o no al tomar una decisión, al realizar una acción; pues es él, aparte de ser el encargado de proporcionarnos la vida, también el encargado de darnos esas sensaciones de bienestar o de insatisfacción en dichas acciones o decisiones tomadas por nosotros.

Cuando tomamos una decisión, sea cual sea, es ahí, en el pecho, donde sentimos; si escuchamos nuestro cuerpo

> *"...ellos son contrarios que* deben existir para permitir que la vida se desarrolle, tenga un flujo libre y continuo"

con atención, la sensación de estar equivocados o de estar seguros de que eso es lo que quiero y elijo para mí.

Normalmente nos llevamos las manos al pecho cuando algo nos gusta, cuando algo nos disgusta o desagrada o nos causa tristeza o alegría, cuando nos asusta o nos maravilla. Pues habita en nosotros esa fuerza misteriosa que aunque no la vemos sabemos que está allí y que es más nosotros, que nosotros mismos. Una fuerza ilimitada, que contiene respuestas claras y oportunas a cada uno de los interrogantes planteados por nosotros, que nos da una sensación de protección y bienestar inigualable y nos permite tomar decisiones acertadas en determinado momento, para lo que nuestro ser necesita y/o requiere para su evolución.

Al utilizar la palabra "acertadas", no quiero entrar en la polémica de bueno o malo, mejor o peor; ellos son contrarios que deben existir para permitir que la vida se desarrolle, tenga un flujo libre y continuo. Cada uno de nosotros tiene en su interior la definición con la que se rige su vida y sabe definir lo que significa para cada cual y esa definición no es ni buena ni mala para mí, ni para nadie más; es simplemente una definición proporcionada por el sentimiento albergado en nuestro corazón, que nos sintoniza con lo que queremos y creemos mejor para nuestras vidas.

Es aquí, donde te pido que lo que estás leyendo no me

lo creas, experiméntalo por ti mismo, debes darte la oportunidad de sentir si esto que te he contado hasta aquí es para ti una verdad o no, porque la verdad es tan relativa y varía dependiendo de quién la experimenta o vive y en qué momento. Regálate unos instantes para pensar en lo que has leído y en si te has identificado con ello o no, en si te ha pasado alguna vez algo de lo que a mí me pasó y si de alguna manera ves que esto que escribo te despierta alguna sensación de que no estás solo, que no eres tan diferente de lo que creías y que estamos más cerca de los demás de lo que jamás hemos creído.

Al encaminarnos a encontrar respuestas a preguntas como ¿Quiénes somos?, ¿Por qué estamos aquí?, ¿Cuál es el plan que tenemos que cumplir?, ¿Qué vinimos a hacer?, ¿Cuál es el propósito de nuestras vidas?, ¿Cuál es mi mayor potencial? o cualquier otra que se nos ocurra preguntar, podemos encontrar respuestas que no son precisamente las que deseamos y que hacen que pensemos estar totalmente perdidos, que no pertenecemos aquí y que seguramente estamos en una pesadilla de la que en cualquier momento vamos a despertar y que por arte de magia todo será perfecto. Pero no es así, seguimos tan embolatados como siempre o, peor aún, estamos más perdidos que de costumbre. Y comienza entonces una lucha interna que nos lleva a descubrir inicialmente ¿Quién soy?, ¿Qué me gusta?, ¿Por qué me gusta?

Esta lucha interna, que nos plantea tantos interrogantes, nos da la posibilidad de conocer lo que estamos haciendo en el ahora y hace que nos olvidemos de manera corta, del ayer y del mañana, centrándonos en el hoy; que sin saber es el más importante de los momentos humanos. Es sin lugar a dudas, el regalo más preciado que podemos darnos, el mejor regalo que hemos podido recibir, si lo aceptamos y lo volvemos parte de nuestra vida.

En cada paso que damos nos adentramos más y más en un mundo que supuestamente no es conocido, y digo "supuestamente", ya que con el avance entendemos que solo estamos recordando algo que ya nuestro ser sabía y conocía, solo que había olvidado en el devenir de esta existencia.

Cada peldaño subido, nos acerca aún más a nuestro verdadero ser, nos muestra el camino que debemos seguir para re-conocernos mejor, para recordar ¿Quiénes somos?, ¿Qué es lo que realmente queremos? y ¿Cómo lo queremos?. Llegar no es fácil, pero es menos complicado de lo que creemos en un principio.

Hacerlo implica compromiso de tu parte, debes tener claro que darte tiempo, regalos, y golpecitos en la espalda de "Bien hecho", es lo que debes comenzar a hacer por ti. Ya basta de todo lo que nos hemos dado hasta ahora, bastantes juzgamientos hemos recibido de nosotros mismos, por lo que consideramos hemos realizado mal y ya basta de menospreciar cada una de las hazañas que hemos realizado y que no nos parecen como tal.

Al final de esta búsqueda, después de muchas enseñanzas, de muchas lecciones, unas aprendidas, otras no tanto, te re-encuentras contigo mismo, descubres el tiempo que has dejado de dedicarte, el que has desperdiciado dormido y aunque ese tiempo lo hayas invertido en algo… no lo invertiste en ti y ese es el problema, ese fue el error que no te diste cuenta que estabas cometiendo y que hoy después de mucho tiempo ves que pudiste hacer algo más valioso con él, algo que hubiese llenado tu vida de alegría, de opulencia[7], de verdad. Pero recordar lo que no se hizo y pudo ser, no es la solución, es estancarnos en el pasado,

7 *Opulencia: 1.Que tiene abundantes riquezas y vive de ellas. 2.Que es abundante o muy desarrollado. https://es.thefreedictionary.com/opulentas*

en aquél hubiera, pero no fue; recordar nos ayuda a darnos cuenta que debemos estar más despiertos y a saber que debemos ser más conscientes de nuestras decisiones, saber que siempre tenemos opciones y que podemos elegir y tomarnos el tiempo para ello. Al hacerlo estamos fijos y concentrados en este presente que es en últimas la mejor forma de decidir y construir el mejor de los futuros.

De muchas y diferentes maneras creemos adquirir el conocimiento acerca de Dios, de la vida, en fin, de todo. Este conocimiento se nos revela por las palabras que escuchamos de otros, sus opiniones, lo que leemos en los libros y escritos de otros y desde la experiencia nuestra o de otras personas cercanas o no a nosotros, como te conté en el capítulo anterior.

Pero la verdad se encuentra en nosotros, la vida que tenemos es exactamente nuestra creación, producto de nuestras decisiones o de nuestra falta de decisión. La pregunta obligada entonces, en este punto es: ¿Si yo no tomo mis propias decisiones quién las toma por mí? ¿Quién las ha tomado por mí? Y la respuesta es tan ambigua como la pregunta en sí; puede ser alguien cercano, puede ser esa energía, llamémosla vida, universo, Dios, puede ser un desconocido. Y es que aunque la historia nos enseña que tenemos libre albedrío (la posibilidad de elegir por nosotros mismos), al no elegir y no hacer uso de esa libertad, por encontrarnos en una zona de confort, donde los demás toman nuestras decisiones y nos dedicamos únicamente a seguir estas corrientes; nuestros más profundos sentimientos y temores hablan por nosotros y mezclados entre sí, con ellos enviamos una señal de energía que es leída y traducida para dar un resultado final, que posiblemente no es el que hubiésemos deseado.

Todo en este mundo se rige por la energía, una piedra tiene energía, la palabra tiene energía, nuestras acciones llamadas buenas o malas, son energía, nuestro cuerpo está lleno de energía y a menudo sucede (con más frecuencia de la que crees), que al conocer a alguien, somos capaces de traducir a esa persona en energía y leerla para saber si nos da una buena impresión o no; comúnmente esa traducción hecha por nuestro cuerpo, que es sabio, nos hace sentir si esa persona nos gusta o disgusta. De entrada la impresión que damos o nos dan es importante porque, a partir de allí surgen o no nuestras amistades, todas descifradas desde la energía leída por nuestro ser interior. Esa energía nos permite vibrar o no con los demás, nos otorga la posibilidad de intimar con nuestros semejantes, y de irle dando forma a nuestro círculo social; en el que aceptamos o rechazamos al otro, regidos únicamente por aquél presentimiento (que en últimas es la traducción de energía realizada por nuestro verdadero ser) que nos define si hará o no parte de él, si será o no aceptado por nosotros.

Inicia entonces tú búsqueda haciendo el siguiente ejercicio para que tu despertar sea exitoso:

Busca un lugar solo para ti, donde nada ni nadie te pueda interrumpir, ponte cómodo, respira profundamente, inhalando y exhalando continuamente, si puedes cierra tus ojos para tener más dominio de tu ser, pon tu mente en blanco (al inicio será difícil de lograr, pero con el tiempo

de práctica se perfeccionará y podrás hacerlo) y permite que tu cuerpo te hable, escúchalo, dándote cuenta de cada una de las sensaciones que experimentas y dejando que tus emociones te atrapen. Relájate de tal forma que escuches el latido de tu corazón, tu respiración; recorre tu cuerpo de abajo hacia arriba, sin mirarlo, siente tus miembros inferiores, tus pies, tus pantorrillas, tus muslos, tu cadera y tu zona intima, tu abdomen, tu espalda y miembros superiores, los hombros, tu cabeza, el peso de tu cuerpo, todo esto lentamente, sin afanes; dándote el tiempo de poder escucharte y escuchar a tu cuerpo. Interioriza cada parte de ti, vívela y mezcla tu recuerdo de ti, con el sentir de ti, sin mente, sin pensamiento, sin pasado, sin futuro, con todo tu sentimiento puesto en tu interior. Realiza este ejercicio tantas veces en el día como puedas, durante el resto de tu vida y podrás mejorar muchos de tus hábitos y costumbres que te han tenido atado y estancado.

Descubrirás para tu asombro, que muchos de esos estancamientos te los has proporcionado con o sin consciencia al darte cuenta de la responsabilidad que implica ser tú. Todas las respuestas comenzarán a llegar como por arte de magia en pequeñas oleadas de inspiración. Mucho de esa inspiración te parecerá como pensamientos de otra persona, mensajes de quien sabe quién; es ese tu ser interno, es ese quien realmente eres, ese que anhelas re-conocer y que te ha estado esperado con toda la paciencia de la que

es capaz el amor, todo este tiempo, para ser uno contigo. Te recuerdo que no me creas nada de lo que te digo, practícalo y toma tus propias conclusiones.

A continuación has una lista (si, una nueva lista) de las cosas que amas, de lo que te hace feliz, (por pequeñas que te parezcan esas cosas, serán importantes para tu bienestar), de las cosas que disfrutas haciendo a solas; luego incluye a otros en tu lista, al finalizarla tendrás una cantidad de actividades a desarrollar. Obra, de acuerdo a ellas, créete cada una e inicia dándote tiempo de calidad para ti, quizá tomando un té que te agrada, leyendo un libro, quizá practicando un deporte favorito y que ya no has encontrado tiempo para ello, comiendo un helado, en fin, tú sabrás que te hace revivir momentos inolvidables y recordar lo que en realidad te hace sentir tú. Al revivirte a ti, descubrirás las capacidades que tienes en el ahora del disfrute y podrás ver claramente las posibilidades que bajo presión posiblemente no veías tan nítidas.

Hazte muchos regalos, cada vez que recibas tu salario por ejemplo, si lo tienes, regálate lo que quieras, págate por haber logrado conseguir ese mes un salario, quien lo trabajó fuiste tú y quien no recibe nada de él, casi siempre, sin temor a equivocarme eres tú; al hacerlo, tu dinero se multiplicará, tu bienestar será paulatinamente mejor y volverás a ver realizarse un milagro en ti. Esto no solo te otorga un bienestar económico, sino que permite que te reencuentres con esa persona que eras antes de tantas batallas, o que encuentres a esa persona que quieres ser y no has podido por tantas luchas. Volver a saber lo que te gusta y no, volver a recordar lo que te hace feliz, al parecer insignificante, es uno de los más importantes actos que debes realizar en esta búsqueda;

porque te brinda la posibilidad de creer nuevamente en ti, despierta los grandes potenciales que habitan en ti y te encaminan en el ahora, de forma inmediata.

Si no tienes un salario, comienza a disfrutar de las pequeñas cosas que a diario tienes, porque por más precaria que sea tu situación, sé, por experiencia propia, que algo tenemos y no lo vemos; despierta entonces en este momento y mira a tu alrededor, para descubrir en lo poco que crees poseer, la infinidad que existe en tu vida y no has visto por estar enfocado en las carencias aparentes. Concentra tu mente a partir de hoy en todo lo que si tienes y deja de ver lo que no posees, agradece cada una de las cosas materiales o no que posees, es una ley natural, en el momento en que somos agradecidos por lo poco o mucho que poseemos, comenzamos a darnos cuenta de lo afortunados que somos y de las capacidades que tenemos para poder lograr lo que queremos.

Seguidamente has una lista de sueños, los que dejaste olvidados en ese viejo baúl de recuerdos, los que no has logrado materializar, los que crees imposibles de realizar, los nuevos sueños que no has descubierto aún que posees y los que por viejas creencias permitiste que no se llevaran a cabo; revisa cuáles de ellos, con toda sinceridad pueden ser retomados y pueden ser realizables, uno a uno cada uno de ellos. No te atormentes con los que no puedan llevarse a cabo en el ahora, habrá tiempo para ellos, más bien, que te sirvan de lección, que al tener un sueño, debes luchar por él con ahínco, con entereza y hacer todo lo que esté a tu alcance para lograr que sea una realidad. Pero no los deseches, ellos entrarán a ser parte de los sueños que próximamente podrán materializarse, cuando el momento sea oportuno y cuando estés preparado, te darás cuenta que es tiempo para ellos y se abrirán camino por si solos

a la espera de tu decisión. Mantenerte despierto es tu obligación para con ellos.

Una buena práctica, entre otras, es realizar una cartelera de sueños, que muestre en figuras, palabras y fechas, los sueños que quieres retomar y volver realidad. Hacer esto, le permitirá a tu mente retomar de manera natural y normal, la facilidad de soñar, de querer realizar tus mejores logros, de vivir nuevamente despierto y con las capacidades innatas de poder transformar lo que desees. Esta es la búsqueda de la grandeza de tu ser, encontrarla no será fácil, pero ¿Quién dijo que no brindará la satisfacción de volver a nacer?

Si deseas realizar tu cartelera de sueños, comienza por tomar una cartulina de color amarillo donde plasmarás tus sueños; en el medio, coloca una fotografía tuya, que te agrade y te haga sentir bien y a partir de ese centro, debes comenzar a pegar láminas previamente recortadas que satisfagan tus sueños en lo Económico, Personal, Espiritual, Familiar y Social. A cada sueño colócale una frase en presente (Ejm. Soy Feliz, Poseo esto o aquello, Realizo tal o cual cosa) y dale una fecha de realización (con un marcador rojo, preferiblemente). Existen sueños a corto, mediano y largo plazo; realizables en 1 año, de 1 a 5 años, de 6 años o más, respectivamente, tu defines cual es la prioridad de tus sueños. Luego colócala en un lugar visible para ti, donde puedas estar en contacto con cada uno de tus sueños y recordarle a todo tu cuerpo diariamente, lo que deseas conseguir. Agradece por adelantado por cada una de esas realizaciones, eso se llama Fe[8], hazlo también diariamente y espera por los resultados, si alguno de tus sueños no se realiza en la fecha acordada inicialmente, podrás cambiar

---

8 Fe: La palabra fe deriva del término latino fides y permite nombrar a aquello en lo que cree una persona o una comunidad. También hace referencia a una sensación de certeza y al concepto positivo que se tiene de un individuo o de alguna cosa. https://definicion.de/fe/

la fecha pero no el sueño. Espero que creas tanto en ti como en tus sueños y que creas posible su realización, que los agradezcas y les dediques toda tu energía para que no tengas que cambiarles la fecha. Depende de ti.

RESISTIRSE
no es la solución,
esforzarse no es suficiente,
arriesgarse es una opción,
dejar fluir es inminente.

ELENA DE GREIFF M.

Capítulo 3

EL AFIANZAMIENTO

Conseguir permanecer atento a cada una de las ocurrencias del día a día, es el reto que te debes plantear y yo te propongo en este capítulo. Después de haberte re-encontrado contigo mismo, después de haberte consentido y haberte recuperado nuevamente, lo ideal es no perderte otra vez en el correr del tiempo, en los afanes diarios, ni en los pensamientos que nos regresan al pasado o nos hacen soñar con un futuro que aún no hemos forjado y esto solo se logra si lo haces día a día, con constancia, sin pretender hacerlo todo a la vez, pues podría sólo traer desilusión; ya que no hay concentración en el hoy sino en lo global y se pierde el foco real, el momento.

No te diré que al inicio yo lo logre en el cien por ciento, ni que lo he logrado aún hoy que escribo, pero tratar cada día de hacerlo mejor nos da la satisfacción de la tarea cumplida. Al principio es fácil perderse, en el ardor cotidiano, pero

cada vez que te das cuenta que tu foco se ha perdido de lo verdaderamente importante, es cuando comienzas a permanecer más tiempo en él y puedes de manera consciente volver a encaminarte en este hermoso regalo llamado presente. Inmediatamente puedes retomar el camino y seguir construyendo tu futuro desde tu presente, con los pies en la tierra, con el afán de un solo día, con la premura de una sola noche y con el enfoque que se tiene en las tareas y acciones de ese único y extraordinario día llamado HOY.

Disfruta de cada uno de los acontecimientos del día, saborea las comidas y date cuenta cuáles son sus sabores, sus ingredientes; agradece cada segundo de tu existencia y vive como si éste fuese tu último día de vida, valorando cada relación, cada acontecimiento, cada suceso, sin aferrarte a él, solo disfrutando de él.

En este paso es cuando comenzamos a hacer todo por nosotros, sí, todo lo que hagamos debe estar encaminado a suplir nuestras necesidades, a hacernos felices. Esto no quiere decir que seamos egoístas, que es la primera creencia que va a llegar a ti al leer estas líneas; por el contrario, estaremos siendo y haciendo lo que realmente vinimos a hacer y a ser. Darnos todas las mejores experiencias conscientemente, darnos la posibilidad de vivir plenamente nuestra vida y de tomar nuestras

> *"...dejar fluir,*
> dejar que cada cosa que
> sucede, suceda; dejar que
> la vida tenga un curso sin
> resistencia..."

propias decisiones, nuestros propios riesgos, nuestras propias alegrías y nuestras propias tristezas. Por lo que no todo es color de rosa, por supuesto, nuestra vida está encaminada a que tengamos también falencias y a que experimentemos todo cuanto podamos soportar, bueno y no tan bueno; es lo que nos reta cada día y nos impulsa a vivir plenamente asumiendo cada una de las situaciones, aceptando y fluyendo con los resultados. Según nuestra forma de enfrentarnos a estos acontecimientos, se define la manera de materializarse o no lo que anhelamos, éstas nos llevarán a alcanzar o no, las metas que nos hayamos propuesto antes de dichas situaciones.

En últimas, la decisión de cómo nos enfrentamos a ellas es nuestra y esa decisión es la que nos da la posibilidad de tener una experiencia gratificante o no. Eso es dejar fluir, dejar que cada cosa que sucede, suceda; dejar que la vida tenga un curso sin resistencia, sin afanes de cambio, haciendo solo lo que se debe hacer para que la experiencia sea lo más feliz que se pueda, lo más satisfactoria posible.

Y es que no puede el ser humano verse egoísta cuando se da todo a sí mismo, ya que no puede tampoco darle a los demás lo que no tiene para sí. Este principio básico es muy difícil de aplicar, ya que la enseñanza recibida desde niños fue hacer primero todo por los demás, servir siempre a los demás, lo mejor para los demás y de último tú; pero

debemos cambiar este paradigma, reemplazarlo en nuestra mente subconsciente donde se encuentra alojado, como ya te lo explique anteriormente cuando hablamos de las creencias; debemos comenzar a invertir esta enseñanza, primero hacerlo por mí, dármelo a mí y cuando ya lo posea, lo tendré para los demás. Si pensamos que los demás somos todos y todos somos yo, entonces podrás claramente hacer por ti lo que deseas hacer por los demás y por ello podrás enfocarte en darte todo para darlo a los demás.

Para alcanzar a subir este nuevo peldaño deberás estar muy atento a cada una de las veces en que tu atención se centra en los demás y no en ti, ya que sucederá muy a menudo, como cuando estabas aprendiendo a centrar tu mente en el vacío, dejar tu mente en blanco es tan complicado como centrar tu atención primeramente en ti, pero es posible lograrlo.

Anteponerte a ti en primer lugar que a los demás te traerá inicialmente muchos problemas en tus relaciones personales y familiares y deberás luchar con ello para poder salir adelante. Comenzar a darle prioridad a tu vida, más que a la de tus hijos, tu esposo o esposa, tus padres, tus amigos, tus jefes, tus compañeros, será la tarea que deberás lograr sin sabotearla y sin permitir que ellos la saboteen por ti, pues el primer sentimiento que experimentarás será el sentimiento de culpa y si permites que éste se albergue en ti, retrocederás irremediablemente a tu estado de confort para los demás, aunque tú no te sientas cómodo; estarás como se dice popularmente "Cómodo en la incomodidad". Sintiéndote vacío y sin lograr lo que realmente andabas buscando, satisfacer tu vida y ayudar en la satisfacción de la vida de los demás.

Para iniciar y como todo en la vida se aprende paso a paso, deberás hacer lo siguiente: cada vez que lo desees, regálate

tiempo para ti, tiempo de calidad, para hacer lo que más te gusta. Realiza una labor encaminada a satisfacerte y no para satisfacer a los demás; el sentimiento de bienestar que esto te brinda, traerá día a día más de estos sentimientos, que recuerda, estos se traducen en energía que atraen más energía igual, dándote mucha más realización personal, que te hará sentir valioso y mostrará a los demás que lo eres.

Cuando queremos hacer feliz a los demás, nos olvidamos que debemos ser felices nosotros primero. Para poder dar felicidad y cada una de las cosas materiales, sentimentales o espirituales que deseamos que los demás tengan y que queremos compartirles, deberemos poseerlas primero nosotros, porque no podrán ser dadas por nosotros, sino las poseemos; entonces lo que debemos hacer es empezar a disfrutarlas para poder regalarlas. Es un principio universal que se da únicamente si te premias a ti mismo primero que a los demás, con honestidad, deseando siempre ser primero y permitiéndote ser siempre primero, sin angustia, sin pensar en que los demás te crean o no egoísta, porque realmente eres tú y no los demás quienes están enfocados en el pensamiento negativo o creencia del egoísmo. Los demás solo verán lo bien que te tratas, lo bien que permaneces contigo mismo y lo agradable que es compartir con alguien que se estima, se valora y se quiere de tal manera. Verán la luz que irradias y desearan experimentar lo mismo, se acercaran a ti con la intención de obtener exactamente una vida plena y placentera y se darán cuenta con tu sola presencia, del valor que tiene el disfrute personal antepuesto al grupal, para así comprender que se comparte, se otorga, se da únicamente lo que se posee, lo que se disfruta, lo que se ha obtenido para sí.

La norma entonces es comenzar a cambiar en mi interior. Cuando soy agradecido y debo serlo sinceramente, cada

día por todo lo que si he obtenido en mi vida, cuando pienso en mí, cuando me quiero y quiero lo mejor para mí, cuando me acepto como soy sin pretextos, sin excusas y sin juzgamientos, cuando dejo de ser proveedor para los demás y me proveo de lo que necesito y me gusta, cuando soy fiel a mí, a mis gustos y a mis necesidades; es entonces cuando logro que alcanzándome todo para mí, me alcance para los demás, desde lo más mínimo o básico, hasta lo más complejo o complicado que mi mente pueda imaginar. Será como yo desee y como yo quiera que sea; tendré lo que necesite y lo que desde el agradecimiento crea que poseo. Básicamente se concentra en saber agradecer en vez de saber pedir, en darnos cuenta de todo lo que ya poseemos y no de las carencias aparentes que tenemos y en creer que ya lo poseemos por anticipado, viviendo cada momento de nuestra vida como si ya lo tuviésemos, experimentando nuestra existencia llena de eso que inicialmente creíamos no poseer.

Es conocer una verdad suprema, la verdad de que todo lo que existe, está para todos, que hay suficiente para todos y nos pertenece a todos; y después de reconocerla, vivir plenamente en esa verdad, por esa verdad y de esa verdad. Es entender que nuestro creador nos ha dotado de todo lo que necesitamos en cada momento de nuestras vidas y que ello es nuestro y nos ha estado esperando a que lo reclamemos y le abramos la puerta para poder entrar en nuestras vidas. Es reconocer nuestro puesto en la existencia

> *"...El poder está dentro* de ti, dentro de mí, dentro de cada uno de los seres humanos, el poder de convertir todos nuestros sueños en realidad..."

y saber que nuestros dones son necesarios no solo para nuestro bienestar, sino también por el bien común, nuestros dones son únicos y solo nosotros podremos aportarlos para ese bienestar, si no lo hacemos habrá un desequilibrio, porque nadie más podrá brindarlos por nosotros.

Al no concederles la importancia a nuestros dones, dejando de reconocerlos y de utilizarlos, comenzamos a desencajar en la vida y es así como llegamos a tener necesidades, ya que de esta manera dejamos de aportarle a la existencia nuestra y de los demás, lo que trajimos necesariamente para compartir y que nos dará la posibilidad de realizarnos y de fluir libremente en nuestra vida.

Y es que los seres humanos somos muy dados a recordar a nuestro Ser Superior, solo cuando lo necesitamos, cuando nos sentimos solos, cuando estamos desprotegidos o cuando ya no tenemos a nadie más en quien confiar y a quien acudir para pedir aquello que creemos que no poseemos; es entonces cuando recordamos que Él o Ella está allí, que nos puede ayudar y creemos que es quien puede realizar lo que nosotros no hemos podido obtener.

La verdad es que debemos darnos cuenta que el poder está dentro de ti, dentro de mí, dentro de cada uno de los seres humanos, el poder de convertir todos nuestros sueños en realidad, el poder de ver realizadas cada una de nuestras expectativas; desde el agradecimiento y el convencimiento de que eso que agradecemos lo estamos recibiendo desde el mismo momento en que es solicitado por nosotros.

Para desenredarlo un poco más, quiero recordarte que, al desear algo, el deseo es un sentimiento que es traducido a energía, que se une con la energía similar que se encuentra a su alrededor y que si se impregna de la ansiedad de poder poseer eso que has deseado y crees no tener; esa ansiedad se traduce a energía diferente a la de tu creación, la de la ansiedad de no poseer, lo que hace que se desvié de tu anhelo y no pueda ser cumplido tu deseo.

Mientras que si inicias tu creación agradeciendo de antemano lo que deseas y dando por sentado que ya es tuyo por derecho de conciencia y vives como si ya lo tuvieses, entonces el resultado será la creación de tu deseo, tal cual ha sido expresado en tu agradecimiento. Esto es lo que se conoce como FE[9], la fe que mueve montañas, la fe que me concede la certeza de que eso que he agradecido y creído merecido es dado por anticipado desde antes de hacerse realidad y que es el convencimiento de que así será desde el mismo momento en que ha sido expuesto en palabras y actuado en tu vida para ser obtenido.

Esto ha sido enseñado por cada uno de los maestros que han estado en esta tierra, en formas diferentes para el entendimiento de todos, en cada uno de los milenios, a cada uno de los habitantes de este planeta; pocos son los que han escuchado y más pocos aún los que lo han entendido y practicado. Es hora de que tú también lo hagas, porque si en este momento estás leyendo estas líneas, es porque

---

9 *Fe: La palabra fe deriva del término latino fides y permite nombrar a aquello en lo que cree una persona o una comunidad. También hace referencia a una sensación de certeza y al concepto positivo que se tiene de un individuo o de alguna cosa. https://definicion.de/fe/*

son para ti, estás preparado para esto y para entenderlo y aplicarlo en tu vida; hoy depende de ti, de que tan claro estás en lo que concierne a tu conocimiento de lo que es tuyo y de lo que hoy sabes que posees.

Y es que "nada sucede por casualidad", esta es una gran frase popular que nos da la certeza de que cada cosa, cada labor, cada obra, cada pedido, cada acción llevada a cabo por nosotros y encaminada primeramente a nosotros, nos brinda la posibilidad de poderla compartir con los demás. Cuando estamos llenos de nosotros podemos llenar a nuestros seres queridos, ya que ello significa que nos aceptamos, nos amamos y nos permitimos utilizar el poder del aquí, del ahora, el poder del amor sin juzgamientos, sin resistencia y sin carencia.

Es importante que sepas que todo esto produce un cambio en ti que se ve reflejado alrededor de ti. Cuando tu cambias, tu entorno cambia y no al contrario. El ser humano se ha pasado la vida tratando de cambiar el entorno, sin darse cuenta que muchos sabios lo han afirmado antes, "cambia y tu entorno cambiará". Nos pasamos la vida tratando de cambiar a nuestros padres, amigos, novios, esposos, hijos; olvidándonos de nosotros, de que debemos examinar lo que ocurre dentro de nosotros, a nuestro alrededor, en nuestro mundo y ver realmente que los demás son un espejo nuestro, el vivo reflejo de nosotros, de nuestro cúmulo de defectos; entonces en ese momento en que somos conscientes de ello, debemos comenzar a realizar los cambios en nuestra vida.

Comencemos por aceptar a los demás tal y como son, con todas sus virtudes y defectos y centremos nuestra visión en entender qué es lo que me relaciona con aquello que tanto me disgusta del otro; en el momento en que lo descubra,

debo sinceramente realizar un cambio en mí y ese cambio comienza en la aceptación de mi yo con ello y seguramente dejaré de verlo tan matizado en el otro. No es que al cambiarlo en mí, la otra persona dejará de poseerlo, no, es que ya no me molestará tanto el que lo posea, pues no estará tan presente en mí, ni para mí.

Y es que al realizar todos estos cambios en ti, podrás vivir plenamente y de manera natural una vida total y placentera. Cada una de las acciones que realices, cada una de las decisiones que tomes de esta forma tan consciente y con los pies tan puestos en la tierra, te llevaran a darte cuenta de cuan fácil se van realizando las cosas, cuan sencillos se van dando los acontecimientos. Al elegir realizarte de esta manera y vivir plenamente consciente desde este ángulo, sabiendo que tú eres ellos y ellos eres tú; y proporcionando a tu vida lo que realmente te hace feliz, estarás dando felicidad al mundo, a los demás, a ellos desde la felicidad que experimentas tú.

Esa es la forma de cambiar el mundo desde mí, creemos que no podemos hacer nada importante y pensamos en que solo somos uno tratando de cambiar, pero la verdad es que cuando resolvemos esto para nosotros lo estamos resolviendo para muchos, pues cuando nos vean viviendo de este modo querrán vivirlo también. No soy solo yo, somos cada uno de nosotros queriendo un mundo mejor, queriendo realizar un cambio importante, que mejore nuestro sistema de vida, nuestra experiencia aquí y ahora. Prueba para que veas que una sola golondrina si hace verano.

Por ahora, cada vez que te des cuenta que no estás presente, cada vez que retrocedes, cada vez que tus pensamientos se encuentren fuera del presente y divaguen ya sea en el pasado o en el futuro, deberás retomar cada uno de los

pasos anteriores de los capítulos expuestos con antelación; para poder sostenerte en el presente todo el tiempo, hasta que se vuelva parte de ti, tan natural, tan normal, que tu vida cambie para darte lo que mereces y logres alcanzar ese nivel de conciencia tan deseado, tan anhelado y que es tan tuyo.

> **AUMENTA**
> tu grandeza, no tu EGO,
> aumenta tu silencio, no tu ruido,
> aumenta tu humildad,
> no tu servilismo,
> aumenta tu amor, no tu odio,
> aumenta tu vida...
>
> ELENA DE GREIFF M.

Capítulo 4

LA VERDAD

La Verdad es totalmente subjetiva y depende de tus creencias, la Verdad tuya puede no ser la Verdad mía y viceversa, lo que si es cierto es que cada uno de nosotros de manera consciente y viviendo siempre en el presente, sabremos identificarla; sentimos, óigase bien, sentimos la Verdad, la reconocemos y vibramos con ella en la misma sintonía. Como lo expuse en el capítulo 2. Es en nuestro corazón donde sentimos y reconocemos la Verdad, nuestra Verdad. Una Verdad que nos hace sentir satisfechos y nos muestra quienes somos en realidad, que nos proporciona tranquilidad y le da a nuestras vidas el toque de armonía que siempre anhelamos.

Contrario a la Vedad, está la resistencia que ponemos todo el día, todos los días, a cada instante durante tanto tiempo; a cada una de las vivencias o situaciones de nuestra vida, que nos hace perder energía vital para vivir plenamente, para

estar fijos en el presente y para poder disfrutar plenamente de lo verdaderamente importante: cada segundo dado a nuestra existencia.

Para ampliar un poco este punto, comenzaré diciendo que cierto día vi de manera diferente la vida, cambié el paradigma y traté por todos los medios de llevar a cabo las mismas rutinas de siempre de una forma contraria a como estaba acostumbrada a hacerlo; aunque al principio me costó un poco de esfuerzo, lentamente se fueron dando las cosas.

En algún momento en que mi familia y yo nos desplazábamos de paseo, en una de las tantas vacaciones que al fin lográbamos pasar nuevamente juntos, como una ráfaga llegó a mi mente la forma como mi vida se desenvolvía en una sola carrera, me pregunté por las premuras con las que me enfrentaba día a día, el porqué de todas las luchas y resistencias que ponía a cada situación que enfrentaba en mi vida tanto familiar, social, como laboral; como decía un amigo mío, "vivía subiendo por vidrios enjabonados todo el tiempo"[10] . Me sentía incapaz de encajar en cada lugar, situación o circunstancia de mi vida y aun así, la vida continuaba "poniéndome" en lugares donde inicialmente me sentía a gusto; ya fuera iniciar algún proyecto, trabajar en algo que me pareciera atractivo o simplemente como en este caso, elegir un lugar para divertirnos o pasar unas vacaciones. Después de tomadas algunas de esas decisiones o de dejar que otros las tomaran por mí, aparecía entonces el temor, miedo a perder lo que ya había conseguido.

Y es que el miedo emerge en cualquier momento de nuestras vidas y si lo permitimos la inunda, paralizando cada una de las metas que nos proponemos llevar a cabo.

---

10 Juan Carlos Gómez Echeverri

> "**Saber que el miedo** nos paraliza y no nos permite vivir plenamente, es importante para comenzar a enfrentarnos a él."

Es nuestra excusa más perfecta. Es uno de los limitantes más utilizados por nosotros cada vez que no creemos en lo que sabemos hacer, cada vez que queremos escudar nuestra falta de presencia y de reconocimiento de nuestros dones y de nuestras posibilidades infinitas de SER.

Saber que el miedo nos paraliza y no nos permite vivir plenamente, es importante para comenzar a enfrentarnos a él. A veces tememos tanto, guardamos tanto temor, lo albergamos en nuestra vida como un tesoro y nos olvidamos que quizá ese temor es infundado y no probamos a ver qué pasa; limitando nuestra experiencia, nuestra existencia, paralizándola y dejando que el miedo se apodere de nosotros, se interponga ante nuestro sueño, nuestra felicidad, nuestro anhelo.

Vencer ese miedo es algo que creemos muy difícil y por supuesto nuestro EGO nos alentará para que no nos enfrentemos a él, para que sigamos temiéndole, por lo que prolongamos nuestra angustia por el simple temor de no perder lo que ya tenemos, lo que hemos ganado o ya poseemos; pero cuando nos arriesguemos a darle la cara, cuando nos enfrentemos a él, con la consciencia de que somos capaces de hacerle frente, nos daremos cuenta que hace mucho debimos haberlo enfrentado, que no existe tal temor y que no enfrentarlo nos ha dado una vida llena de él, porque sin ser capaces de arriesgarnos, no nos daremos cuenta que al final tal miedo no suponía un fracaso, sino por el contrario no nos permitía lograr lo que nuestro ser anhelaba.

Había leído muchas veces a cerca del inmenso regalo que era el presente y que viviendo en él no podían existir los problemas, porque estos eran creación de nuestra mente. En uno de los libros (Eckhart Tolle, el Poder del Ahora) formulan una pregunta maravillosa, "¿Tiene algún problema ahora?" Me había hecho esta pregunta muchas veces con una misma respuesta, "ninguno"; pero inmediatamente pensaba, en que eso no soluciona mis problemas de mañana, mis cuentas por pagar, mis ganas de poseer más, mis ansias de conocimiento, ni mi falta de identificación con lo que soy y quisiera ser.

Y eran muchas cosas para el presente realmente, porque en él no podía, todo, atormentarme al mismo tiempo y aun cuando así fuese, no podrían ser solucionados por mí, ni por nadie. Todas y cada una de las "excusas", por llamarlas de alguna manera, interpuestas por mí, para estar y permanecer en el presente, eran solo eso, excusas; que me cegaban y no me permitían disfrutar de lo real y de lo único que me pertenecía, El PRESENTE, libre de cada uno de los problemas o excusas que mi mente era capaz de inventar para aislarme de disfrutar de ese, mi precioso regalo.

Por lo cual debemos tener claro que lo importante de vivir es realmente vivir, es estar en cada momento sin resistirnos, sin oponernos, dejando que cada una de las ocurrencias diarias fluya y disfrutando de cada instante.

Pero no me refiero a vivir una vida de resignación, una vida en la que simplemente acepto lo que los demás quieran para mí y le permito a los otros cualquier cantidad de intromisiones

> "**Darnos cuenta** que nos pasamos (y me incluyo) la vida creando e inventando pretextos para no ser felices..."

en mi vida, no, quiero decir, disfrutar de lo que nos sucede a diario, ya sea catalogado por nosotros como bueno o no tan bueno, vislumbrando en cada situación la mejor experiencia que pueda traer para nuestro crecimiento, aceptando nuestras creaciones y las consecuencias que ellas puedan traer, fortaleciéndonos en un presente diario y vivido felizmente despiertos, disfrutando realmente del día y de sus situaciones, cosas y personas.

Darnos cuenta que nos pasamos (y me incluyo) la vida creando e inventando pretextos para no ser felices y aunque sé, no es fácil de aceptar y menos de corregir, pero reconozco, es el principio de la cura; me permite tomar conciencia hoy, que entre menos resistencia pongo en cada una de las situaciones de la vida, más estoy en el presente y vivo plenamente el hoy, el aquí y el ahora. Es la mejor manera de ser feliz, estoy segura.

Cada situación vivida realmente, es un aprendizaje; cada decisión tomada con conciencia, es una plenitud de vida presente y futura, que se obtiene sin necesidad de pensar en el futuro, es el simple resultado. Recorrer este camino, enfrentando los peores miedos que poseemos, es adentrarnos en el mejor sendero de vida que podemos transitar. Aceptar cada situación, no es necesariamente ser un conformista, es estar presente para cada etapa con la mejor disposición, es aceptar que eso o aquello que nos está sucediendo es, ni más ni menos, una de las tantas decisiones tomadas con o sin conciencia de ello; simplemente ES. Al aceptarlo, aceptamos nuestra vida con AMOR, aceptamos vivir y no solo nos conformamos con lo que sucede ("porque así tenía que suceder"), ni con sobrevivir. Comenzamos a vivir plenamente.

"Nada sucede por casualidad" porque no existe la casualidad; en el mundo todo se mueve por la Ley de Causa y Efecto, por lo que existe entonces, la Causalidad. Tomamos decisiones y por ende obtenemos un efecto, que puede ser lo contrario a lo que estábamos esperando, cuando esa decisión no es tomada con conciencia; o por el contrario, el efecto o resultado es lo que estábamos esperando cuando dicha decisión fue tomada a conciencia, con la certeza de que fuimos nosotros los que tomamos la decisión pensando en nosotros y en nadie más, únicamente en nuestra felicidad.

Es, aceptando entonces cada momento de la vida, aceptando cada suceso, cada ocurrencia, como realmente tomamos control de nuestro devenir en la vida transformando nuestra conciencia y nuestros resultados, cambiando realmente nuestra vida. Así podemos tomar cada decisión con la confianza de que somos guiados por nuestro SER Supremo. Cada una de estas decisiones, sabemos, es la mejor que pudimos tomar, sin temor a equivocaciones, pues es asumida por nuestra aceptación de lo que ES. Cuando aceptamos y no oponemos resistencia, el universo se va desenvolviendo con más naturalidad, lo que significa que dejamos actuar a la Naturaleza, le permitimos su proceso, lo aceptamos y comulgamos con él.

Al disfrutar de cada ocurrencia que se presenta en nuestras vidas y sin oponer resistencia, vivimos nuestra Verdad, aceptando sin resignación, que es lo que nos hace crecer

y nos forma como seres humanos, preparándonos para ver realmente quienes somos y que es lo que tenemos que recordar y saber de nosotros mismos.

Nuestra Verdad es entonces, recordar de dónde venimos, ¿Quienes somos en realidad?, porque lo que sí sabemos es, ¿Qué no somos?; no somos obscuridad, no somos resignación, no somos solo este cuerpo que habitamos. Sabemos muy dentro de nosotros, que algo más habita en este cuerpo y sabemos que fuimos creados por un ser supremo a su imagen y semejanza, por lo cual tenemos su esencia y si tenemos su esencia y Él es creador, entonces tenemos nosotros también la facultad de crear. Creamos nuestra vida diariamente y venimos creándola sin darnos cuenta de nuestra creación, por el solo hecho de no estar despiertos o conscientes de ello, por lo que la invitación, es a mantenernos en el día a día lo más despiertos que podamos, pendientes de cada una de las decisiones que se tomen, sin dejar pasar ninguna, no solo con el análisis de nuestra mente sino con el con-sentimiento de nuestro corazón.

Si, creamos nuestra vida; una Verdad suprema, una Verdad que incomoda, una Verdad que duele. Las preguntas en este momento son, ¿Qué tan a gusto nos sentimos con la creación que hemos hecho todos estos años?, ¿Es esta la vida que hemos deseado y que nos hace sentir bien?, ¿Es esta nuestra felicidad creada?...

Y, ¿Por qué duele? Duele porque hacernos responsables de que esto que estamos viviendo lo construimos un día en un presente que no estábamos tan presentes, es sin lugar a dudas frustrante y nos hace sentir mejor culpar a los demás, algo a lo que si hemos estamos acostumbrados. Poner en manos de los demás la culpa, la ira, el dolor y el

sufrimiento nuestro, es trasladar a otros la responsabilidad no asumida, y no la asumimos por el hecho de que nuestro EGO jamás permitirá que pensemos y aceptemos que nuestra construcción no ha sido la mejor. Aceptar que nos equivocamos, es rebajarnos a entender que somos malos constructores y nuestro EGO nos hará sentir grandes aún con esa mala construcción, tomar las riendas de ello es iniciar aceptando nuestra responsabilidad de creación, nuestra falta de juicio al momento de tomar decisiones, como ya lo explique ampliamente en el capítulo 1.

Queramos creerlo o no, cada segundo de nuestra existencia vamos creando con nuestra presencia, nuestras decisiones y nuestros deseos, nuestra propia vida y cada ocurrencia no es más que el resultado de nuestro paso por la vida, consciente o inconscientemente.

La Verdad es que hemos sido responsables para muchas otras cosas, en muchas otras ocasiones y creemos que la responsabilidad de nuestra vida, de nuestra felicidad o sufrimiento está en manos de otros, o de otro.

Es importante que en este punto seamos lo más conscientes que podamos para asumir la responsabilidad de lo creado y para poder comenzar a tomar acciones y corregir la creación efectuada, porque así como lo hecho hasta ahora no nos gusta, podemos tener una creación diferente y que satisfaga nuestro ser. Comenzar a construir lo qué queremos estando presentes en todo momento, siendo conscientes de las decisiones que podemos o no tomar, viviendo la vida y sus experiencias de manera fluida y sin oponer resistencia, es asegurar una creación confortable para nuestra existencia y la felicidad de nuestro ser.

Darle a nuestro ser lo que realmente desea, otorgarle la mejor experiencia de vida, no significa que no vayamos a tener dificultades, no, sino que de ellas nuestro ser sacará lo mejor para su crecimiento y conocimiento.

Diariamente se presentan muchas situaciones, que son vistas por nosotros como obstáculos en nuestra existencia, que creemos no nos permiten lograr las acciones propuestas, pero que realmente son grandes oportunidades para crecer, valorar y sanar nuestro cuerpo y nuestro corazón de decisiones mal tomadas o no tomadas por nosotros. Decisiones que, recuerda, son las que crean nuestro entorno y crean en últimas nuestro futuro, por lo cual debes preguntarte ¿Cuál es el futuro que deseas para ti y los tuyos?, ¿Qué estás haciendo por ese futuro en tu presente, para poder disfrutarlo cuando sea el momento? (Recuerda, palabra, obra y acción, capítulo 1)

Para llegar a este momento de Verdad hemos de llevar a cabo cada una de las acciones que nuestro corazón aprueba como verdaderas, hemos de caminar con todo nuestro cuerpo, mente y espíritu siempre en el presente, con la intención de no salir de él, totalmente pendientes de no regresar al pasado y de no extraviarnos en el futuro; con la firme intención de permitirnos el disfrute de cada uno de los acontecimiento de este presente.

Nuestros primeros pasos están encaminados, entonces, a vivir nuestra Verdad, a descubrirnos en la más alta y gloriosa experiencia de nuestras creaciones, a recordar que somos hijos de Dios hechos a imagen y semejanza suya, recordar que poseemos todo cuanto existe, que hay suficiente para todos y que podemos vivirlo de ese modo cada día. Eligiendo de esta manera ser luz que ilumina tu vida, que ilumina el mundo, que llega a cada rincón, a cada persona que tocamos, a cada lugar donde vamos y que permite cambiar tu vida y la de los demás.

Cambiar nuestra construcción, si así lo deseamos, utilizando cada una de las herramienta que tenemos a la mano y que han existido desde hace miles de años para nosotros, enviadas por medio de innumerables maestros que han transmitido su conocimiento y tantas verdades para nuestro crecimiento y para permitirnos recordar quienes somos y de donde procedemos (estar presentes, leer, meditar, abrir nuestros chakras, en fin) cada que vayas necesitando una herramienta y estés preparado para ella, llegará irremediablemente a ti para ayudarte en la ascensión del peldaño hacia tu felicidad, tu crecimiento, tu iluminación[11].

---

11 *Iluminación: El diccionario define a esta palabra como "iluminar, dar claridad, brillar". Para ser iluminado es necesario recibir luz para obtener un nuevo entendimiento. http://restorationnations.com/wp/es/que-es-la-iluminacion-espiritual/*

SANAR
significa aceptar
que muy dentro de
nosotros la divinidad
desea obrar.
ELENA DE GREIFF M.

Capítulo 5

SANAR

Después de aceptarte, de re-conocerte, de entender que eres el arquitecto de tu vida y con ello proporcionarte todo lo que está a tu alcance para que tu construcción sea la que tu ser anhela, se realiza en tu interior un cambio, que comienza a sanar y a limpiar tu creación. Este cambio será advertido por ti y en especial por los que te rodean, ya que la fluidez de tu vida se irá convirtiendo en el patrón a repetirse continuamente y te proporcionará una vida no sin obstáculos, sino, más aceptada y plenamente vivida por ti; haciendo a un lado el patrón que repetía día tras día las mismas memorias, las mismas calamidades, las mismas falencias, las mismas necesidades una y otra vez.

Esa sanación se producirá gradualmente, cuando tu atención este puesta en el presente. Para ello, debemos perdonar los errores cometidos hasta el momento, con la conciencia

clara de que ellos se presentaron por el desconocimiento y la falta de presencia. Aceptando que no hay culpabilidad sino por el contrario, asumiendo la responsabilidad que llega con el conocimiento.

Perdón, una palabra a la que muchos hemos temido, por no poder practicarla. Ese temor nos ha limitado de conocerla y experimentarla y hemos dejado de reconocer la grandeza y el poder de sanación que tiene en nuestro ser.

Perdonar no significa necesariamente destruir nuestros preceptos y valores, no significa "dar nuestro brazo a torcer", significa, más bien, aceptar. Aceptar desde la entrega y desde la fluidez de nuestro ser divino, que sabe y conoce lo que es perfecto para cada uno de nosotros; aceptar que se nos han proporcionado las experiencias necesarias para que nuestra vida se desarrolle ampliamente.

Para lograrlo, el primer paso es perdonarnos a nosotros mismos, sin juzgarnos, ni etiquetarnos; perdonarnos desde dentro, desde el conocimiento adquirido, desde el entendimiento de que cada situación hasta aquí vivida, con o sin conciencia, pertenece a un plan divino que nos dio la posibilidad de llegar a este punto y de experimentar cada situación vivida con la firme intención de nuestro crecimiento y fortalecimiento de nuestro verdadero ser.

Los pasos venideros serán cada vez más fáciles de dar, más ágiles de transitar, ya que en el aceptar se encuentra el devenir de la vida, el entender que podemos dejar fluir nuestra vida de manera que se torne más ligera, alivianada, y por ende seamos más felices.

Aunque la mala enseñanza hasta hoy, nos ha entregado un conocimiento erróneo de la vida y por ello creemos equivocadamente, que la vida no es fácil, lo que necesariamente significa su contrario, es muy difícil; cuando lleguemos a este punto nos habremos dado cuenta que simplemente es un pensamiento que hace parte de la mente de alguien más y no es nuestro, no es propio, es un pensamiento que está puesto en nuestra mente pero no es necesariamente así; somos nosotros quienes debemos comenzar a re-crear nuevamente nuestra vida y darnos cuenta que tan difícil o fácil podemos hacerla.

Descubrir que la vida puede simplemente ser fácil, no es lo que hemos escuchado durante nuestra vida, pero puede ser lo que en adelante escuchemos si comenzamos a vivir desde la sanación que nos proporciona el perdón. El perdonar nuestras creaciones, las que hasta aquí hemos realizado, es el primer paso a nuestra sanación; es entender que ellas han sido creadas sin o con poca conciencia de su creación, es tener clara la responsabilidad que implica entender que son nuestras creaciones y que fueron diseñadas desde el conocimiento que era nuestro en ese momento.

Seguidamente deberemos perdonar y limpiar las creaciones de los demás y comenzar a sanar todas aquellas en las que participamos y de las que de una u otra manera somos responsables, por estar en medio de ellas o por lo menos hacer parte de ellas.

En el momento en el que comenzamos a limpiar y sanar todo nuestro mundo, nuestra vida comienza a mostrarse y verse de manera diferente, se torna más ligera, más tranquila, más mágica; las personas a nuestro alrededor vislumbran un cambio real y palpable y van deseando tener de lo mismo que ven en nosotros, desean experimentar la magia que se está desplegando en nuestra vida y seguramente nos preguntaran por ella, una magia que habita en cada uno de nosotros y a la que podemos acceder solo con una conciencia clara, un estar en el presente todo el tiempo y la capacidad de vivir plenamente.

Hoy podemos realizar las creaciones que queremos, las creaciones que nos hacen sentir y ser quienes realmente somos, pues contamos con un conocimiento diferente, una perspectiva más amplia, una responsabilidad más latente y una autoría directa, la nuestra. Dicha conciencia en este momento nos proporciona un estrecho lazo, no solo con la responsabilidad absoluta por las creaciones realizadas, sino, con el poder reconocer, que nuestra creación se asemeja cada vez más a la perfección de la que estamos dotados desde el comienzo mismo de la creación.

Este libro se terminó de imprimir en el mes de noviembre de
2018 en los talleres de Editores Publicidad S.A.S
Medellín — Colombia

www.ingramcontent.com/pod-product-compliance
Lightning Source LLC
Chambersburg PA
CBHW061251140726
47998CB00006B/2187